AF278600

LA VÉRITÉ TOUTE NUE

EXPOSÉE

Aux esprits éclairés et aux consciences honnêtes.

L'Empire, aidé de l'ultramontanisme, a fait un
GRAND NOMBRE DE VICTIMES
que la République doit Réhabiliter et Récompenser.

Au Président de la République Française, aux
Ministres, aux Sénateurs, aux Députés, à la
Commission parlementaire et à l'opinion publi-
que, incombe le devoir de faire Justice.

Fait à Moissac (Tarn-et-Garonne), le 29 Novembre 1880 (9 Frimaire An 89)

Moissac (Tarn-et-Garonne), le 29 Novembre 1880 (9 Frimaire An 89).

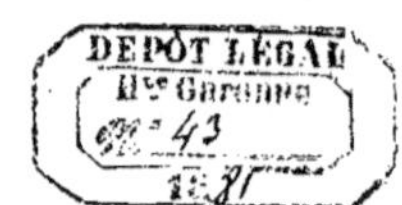

Au Citoyen **BENJAMIN COLIN**, Secrétaire du Comité
des Proscrits du Deux-Décembre 1880.

Citoyen ,

J'ai bien reçu, le 27, avant-hier, votre lettre toute fraternelle du 26, ainsi que les imprimés , que j'ai lu avec un vif intérêt. Acceptez mes remercîments les plus sincères pour votre bienveillante attention et une bonne poignée de main à titre de souvenir pour vos sacrifices, vos souffrances, et pour votre valeur intellectuelle et morale que vous n'avez cessé de mettre au service de la vraie démocratie.

Comme corollaire de ma précédente et première lettre du 24, je viens vous donner, aussi succintement que possible, des détails circonstanciés, tant au point de vue de mon origine politique et de l'immutabilité de mes principes, que sous le rapport des sacrifices que j'ai toujours faits et des grandes pertes que j'ai éprouvées : Comme aussi, touchant à mon patriotisme que rien n'a pu altérer, ce qui fortifie d'autant plus mes titres à une juste revendication.

Je puis affirmer, sans crainte d'être démenti, que je suis un républicain de la veille, faisant partie, par conséquent, de la famille des aînés, dont le nombre s'affaiblit sensiblement et trop malheureusement tous les jours.

Avant 1848, sous Louis-Philippe comme après, bien que je fusse dans le commerce des grains et farines avec mon père, feu Simon DELBERT, et mon frère aîné, Monsieur Jean-Justin DELBERT, depuis l'année 1838, j'avais toujours fait des sacrifices pour soutenir l'*Emancipation*, de Toulouse, et j'étais abonné à trois bons journaux de Paris : *Le National*, *La Réforme* et *Le Charivari*.

De 1848, jusqu'au Coup-d'État de 1851, j'avais été deux fois membre du Conseil Municipal de Moissac, et toujours un de ceux qui avaient obtenu le plus de suffrages ; et, comme preuve de la confiance que j'inspirais à mes compatriotes, je dois dire encore que sous la deuxième République, j'étais Capitaine de la Garde Nationale, et aussi, Vénérable de la Loge Maçonnique de Moissac, jusqu'au Coup-d'État, époque où elle fut fermée pour ne plus se rouvrir.

Du 24 février 1848 au Deux-Décembre 1851, soit pour propagande démocratique, journaux, publicités diverses, réunions publiques, voyages pour organisation démocratique, élections, fêtes nationales et secours aux malheureux, j'avais personnellement dépensé plus de douze mille francs.

J'étais à la fois, et l'homme du sacrifice, et l'homme du devoir, car, étant un des plus influents du pays, j'en étais aussi un des plus ardents convaincus, puisque constamment, j'étais sur la brèche pour tenir tête à la réaction Bonapartiste. Et à ce sujet, je me permettrai de dire, que si d'un côté, je n'ai jamais aimé la témérité, de l'autre , la peur ne fut et ne sera jamais ma conseillère.

Bien que mes père et mère, m'eussent fait catholique dès le berceau, je dois avouer que depuis bien longtemps, je me suis, très-résolument, décatholicisé, et que par raison, comme par essence frondeuse, j'appartiens à la libre-pensée.

Arrêté le 3 décembre 1851, je fus le seul du département qui résistai à la force armée, car, mon usine, la Minoterie , fût assiégée comme une place forte. Et pour m'appréhender au corps et me traîner en prison, il fallut briser les portes à coups de hache, il fallut de l'artillerie et les six brigades de gendarmerie de l'arrondissement.

Je restai dans la prison de Moissac jusqu'au 18 mars 1852, et ce jour-là, avant d'être rendu momentanément à ma famille, le lieutenant de gendarmerie *Marteau* vint me notifier ma condamnation à l'internement dans la ville d'Angoulême, qui avait été prononcée par la Commission mixte occulte, de Tarn-et-Garonne ; et comme mes coreligionnaires co-détenus (presque tous morts) du 18 au 24 mars 1852,

jour de notre départ de Moissac, soit pour l'exil, soit pour l'internement avec itinéraire obligé, j'étais assimilé à un forçat libéré, tenu de
me présenter matin et soir à la gendarmerie pour faire constater ma
présence à Moissac.

Mon internement à Angoulême dura près de deux ans, et pendant
ce temps, mon père Simon DELBERT, qui voulût continuer le commerce, mais dont l'aptitude était incomplète, fit des pertes considérables, qui n'auraient pas eu lieu, si ses deux fils n'avaient pas été
criminellement éloignés.

Je ne saurais continuer, sans vous affirmer ce que vous savez probablement déjà, que Monsieur DELBERT aîné, qui habite actuellement Mont-de-Marsan, fût aussi interné dans cette même ville où il
se maria le 13 décembre 1854.

Autorisé à rentrer dans mes foyers, vers la fin de 1853, je m'occupai
activement de réparer les pertes faites par mon père; et, c'est à ce moment de labeur et de grandes affaires, et sans autre motif que celui
de nuire, qu'un misérable sous-préfet de Moissac, *du nom de Leglay*,
me fit interner une deuxième fois; plus que cela encore, *le complice
du bandit Napoléon III, n'avait pas de trève en matière de cruauté!*
Je me trouvais alors alité pour cause de souffrances atroces (des coliques hépatiques), et l'infâme inquisiteur que je viens de nommer,
m'envoyait tous les jours un gendarme dans un but de torture et pour
précipiter mon départ vers le lieu de mon nouvel internement à La
Rochelle.

Pour prouver combien étaient criminelles et féroces les administrations de l'Empire, les autorités de Moissac faisaient aussi des rapports faux contre Monsieur DELBERT aîné qui, alors, habitait
Marseille où il avait créé une succursale de la Maison-Mère de Moissac et qui, comme moi, dût subir la même peine de l'internement.

Les deux Maisons, de Moissac et de Marseille, avaient alors de grandes affaires sur les bras, et, nos ennemis les Bonapartistes, avaient cru
le moment favorable pour nous faire tomber en nous faisant interner
une deuxième fois.

Sans doute, ils nous portèrent un coup en quelque sorte meurtrier,
mais ils ne purent encore atteindre leur but, celui de notre décadence
complète.

Après six mois d'éloignement, de chagrins, de contradictions et de pertes sensibles, la lumière se fit, la mesure terrible qui nous avait frappés fut levée et je rentrai enfin à Moissac pour me livrer de nouveau à mes occupations commerciales.

Ainsi les choses, pour toute personne d'intelligence et de conscience, n'est-il pas facile de comprendre ? que deux Maisons de commerce, une à Moissac et l'autre à Marseille, faisant annuellement de quatre à cinq millions d'affaires, soient obligées de succomber, quand ceux qui en sont les principaux chefs, sont assujettis à des persécutions et à des tortures sans nom et sans précédent !

Pendant ces persécutions, malheureusement des pertes considérables s'étaient réalisées. La réaction Bonapartiste n'avait pas désarmé et ne désarmait pas, puisqu'elle poursuivait avec un acharnement inouï notre ruine qu'elle n'avait pu encore obtenir complètement.

De 1854 à 1860, malgré ces pertes, ces persécutions, ces chagrins, toujours fidèle au devoir et aux sacrifices, je ne cessai d'envoyer des secours aux exilés de Belgique et d'Angleterre : une fois, notamment, une somme de deux mille francs à mon ami et camarade de prison, feu Victorin CHABRIÉ, alors exilé à Bruxelles.

De la fin de 1859, au commencement de 1860, malgré des efforts surhumains de travail, d'intelligence, d'économie et d'honneur, les deux Maisons, de Moissac et de Marseille furent obligées de succomber et la faillite malgré nous, déclarée par *le bon et l'immortel Tribunal de Commerce de Moissac.*

Nos ennemis politiques, non encore satisfaits d'avoir obtenu notre ruine, résolurent de nous flétrir dans ce qui nous restait de plus cher, l'honneur ! Et, au moyen d'une plainte fausse déposée entre les mains d'un *sbire de Bonaparte, le nommé FAURE-DE-LA-RAQUE*, alors procureur impérial à Moissac, aujourd'hui conseiller dans une Cour d'Appel, je crois, les trois DELBERT furent impitoyablement jetés dans les prisons, sous l'inculpation de banqueroutiers frauduleux. Le 16 mars 1860, Simon DELBERT père et moi, incarcérés à Moissac, et Monsieur DELBERT fils aîné, arrêté à Marseille et arraché ainsi brutalement à son épouse et à ses enfants en bas âge, pour être emmené par la gendarmerie, de la prison de Marseille dans celle de Moissac.

— 5 —

Du 16 mars au 16 juillet 1860, durant quatre mois consécutive-
ment, une instruction minutieuse et plusieurs suppléments d'instruction eurent lieu, n'aboutissant toujours qu'à faire ressortir de plus en
plus, notre probité, notre loyauté en toutes choses : ce qui amena ,
forcément, plusieurs ordonnances de NON-LIEU, prononcées par l'in-
tègre M. GUILHEMPEY, juge d'instruction , à la suite des quelles
nous fûmes rendus à la liberté.

Voulant nous affranchir du poids de la faillite, d'une faillite pure-
ment de haine politique ; au moyen de nos immeubles, des marchan-
dises et d'apports importants en numéraire (**cent trois mille francs**)
faits par une parenté riche et dévouée , nous offrîmes un paiement
intégral à nos créanciers ; et chose surprenante, que l'on refuserait
de croire si elle n'était vraie, entre tous les tribunaux de commerce
de France, seul, le Tribunal de Commerce de Moissac, *extrêmement
soucieux des intérêts sacrés des créanciers, eût l'heureuse et béni-
gne inspiration* , de rendre un jugement, par lequel, il repoussait les
sacrifices de la famille, pour que les DELBERT restassent écrasés
sous le coup de la faillite et sous le poids encore plus lourd du contrat-
d'union !

Dans cette catastrophe brièvement élucidée, ce qui vient encore
faire ressortir les efforts impossibles et l'honneur de tous, c'est que
la dot de ma mère et la dot de Madame DELBERT aînée, furent aussi
englouties dans le naufrage commun.

Ainsi, l'exactitude de faits qui répugnent à toute conscience honnête,
mais qui sont la représentation du régime du crime fait EMPEREUR !
est-il étonnant que nos personnes et notre position sociale aient toujours été visées par ceux qui étaient affiliés à l'Empire et à l'Ultramontanisme !

Sur la famille DELBERT , les paroles néfastes de Monsieur de
MONTALEMBERT avaient reçu leur entière exécution :

« **Il faut faire la guerre de Rome à l'Intérieur.**

» **Tout ce qui est possible est légitime.** »

Profondément indigné de pareilles doctrines, si subversives, si cou-
pables, et mu par le double sentiment du devoir et de la reconnaissance,
je suis heureux de pouvoir citer les paroles sublimes et mémorables du

grand orateur patriote, l'immortel BERRYER qui, plaidant devant la Cour de Paris et en parlant du Coup-d'Etat du Deux-Décembre 1851, dit :

« **Ces jours-là, en France, les honnêtes gens seuls , furent arrêtés.** »

Ces paroles, à la fois éloquentes et véridiques qui passeront à la postérité, stigmatisèrent le mauvais génie de Monsieur de MONTA-LEMBERT et furent aussi la plus sévère condamnation du bandit Napoléon III et de ses complices.

Dépouillé de tout, et ne pouvant plus rester à Moissac où je n'avais que faire, obligé d'abandonner ma mère et mon père, presque sans ressources pour vivre, je quittai la France, je passai en Espagne et de là, en Afrique, province d'Oran, d'où je partis pour la guerre de 1870-1871 en franc-tireur, pour défendre ma patrie, envahie par les races teutoniques.

Dans cette guerre fratricide et mémorable, j'ai souffert du froid , de la faim, des marches forcées de jour et de nuit ; et, sans parler d'une infinité d'escarmouches qui nous étaient particulièrement fréquentes, j'ai exposé ma vie dans trois combats différents : à Courcelles et à Gien, dans le Loiret, ainsi qu'au fort de Joux, entre Pontarlier et les Verrières.

J'entrai en Suisse avec l'armée de l'Est, le 4 février 1871, ma légion de Francs-Tireurs (légion Bretonne) fut internée à Frauenfeld, frontière d'Allemagne, d'où je pus m'échapper le 12, pour rentrer en France, dans l'espoir de recommencer une guerre à outrance qui eût été possible, s'il avait existé, même un semblant de courage et de patriotisme. Et, pour rendre hommage à la vérité, qu'il me soit permis de dire que Monsieur le Président de la Chambre des Députés actuelle, injustement qualifié de Fou-Furieux, avait mille fois raison de vouloir continuer la guerre.

J'arrivai à Moissac le 19 février pour embrasser avec effusion ma bien chère mère et mon vieux père. Et ici, où je restai près de deux ans, il me fut possible de me rétablir complétement des fatigues et des privations que j'avais enduré pendant la guerre.

L'autorité municipale de Moissac, sous le gouvernement du 4 septembre 1870, en vertu de la loi de 1848, m'avait rendu le droit de vote en me faisant inscrire sur les listes électorales ; mais après les élections du Conseil Général et du Conseil d'Arrondissement de 1872, des quelles, je m'étais occupé activement, puisque c'est moi qui présidais toutes les réunions et qui contribuai le plus à faire réussir les candidats républicains : Monsieur DUFAURE, alors garde des sceaux, Ministre de la Justice, envoya un ordre écrit au parquet de Moissac (lequel ordre fut lu en pleine audience correctionnelle) pour me faire poursuivre et me faire condamner en vertu d'une loi de l'Empire Et, en effet, le Tribunal de Moissac, obéissant au Grand Maître (*à ce vieux Conservateur des traditions monarchiques et des lois draconiennes de l'Empire*), me condamna à une forte amende et aux frais. Depuis lors, j'ai été rayé des listes électorales.

Voilà, la récompense inique, de mes convictions profondes, de mes services rendus, de mes sacrifices, de mes pertes, de mes souffrances morales et physiques, des humiliations sans nombre que l'on m'a fait subir et aussi de mon patriotisme !

Pensez-vous, citoyen, que j'ai des droits acquis pour une forte indemnité ? ah ! je ne sais et ne puis prévoir ce que feront les Chambres ; mais qu'il me soit permis d'affirmer, que des centaines de mille francs, ne suffiraient pas, pour guérir le mal qui a été fait avec tant d'acharnement à toute la famille DELBERT de Moissac.

Avec le plus vif désir de le dire, il m'est impossible, toutefois, de vous faire connaître le chiffre exact de nos pertes successives depuis 1851, jusqu'en 1860, inclusivement ; mais Monsieur DELBERT, aîné de Mont-de-Marsan, pourra facilement vous les énumérer, puisqu'il a, en son pouvoir, tous les principaux livres de commerce, soit de la Maison de Moissac soit de la succursale de Marseille.

Remémorant avec indignation tant d'iniquités accumulées qui ont touché ma famille et qui principalement m'ont frappé ; et, vu que bien d'autres aussi, sont peüt-être dans une position identique : Je crois utile de vous faire observer qu'il serait de toute justice, que les indemnités à accorder fussent insaisissables.

En ce qui me concerne personnellement, ayant la ferme conviction d'avoir des droits plus puissants que ceux de Monsieur DELBERT aîné de Mont-de-Marsan, je demande instamment, que mes intérêts ne soient pas confondus avec les siens, parce que je suis pauvre : si ce n'est cependant et par dessus tout, au point de vue d'une solennelle réhabilitation que la République doit à l'ancienne maison de commerce **Simon DELBERT et fils frères.**

La Chambre royaliste de Versailles, dans un but de restautauration monarchique, plutôt que dans un intérêt de justice, vota les **quarante-cinq millions** réstitués à la famille d'Orléans. Il m'est donc permis de penser et d'éspérer, que MM. les Députés et Sénateurs actuels, animés d'un juste sentiment élevé d'équité, de patriotisme, de concorde et de paix, n'hésiteront pas un instant pour acquitter une dette d'honneur envers leurs aînés de la grande famille républicaine.

Agréez, bien cher et méritant citoyen, mes salutations les plus fraternelles,

DELBERT JUNIOR.

Né au hameau de Lapoiñte, commune de Boudou, canton et arrondissement de Moissac, le 30 Thermidor, an 30 (17 août 1822) : domicilié de Moissac depuis l'an 37 (1829) : emprisonné an Coup-d'État du 12 Frimaire, an 60 (2 décembre 1851) : interné deux fois, soit par la Commission mixte occulte de Tarn-et-Garonne, soit par des mesures d'exception : ruiné sous le deuxième Empire, par suite des persécutions de toute sorte, dont j'avais été constamment l'objet : ex-franc-tireur de la légion Bretonne, guerre de l'an 78 et de l'an 79 (1870 et 1871), parti d'Afrique à l'âge de 48 ans dans la compagnie de Relisanne, bataillon d'Oran : passé en Suisse par les Verrières avec l'armée de l'Est, sous le commandement des généraux Bourbaki et Clinchant.

Toulouse. — Typ. Passeman et Alquier, Ouvriers Réunis, rue Saint-Pantaléon, 3.